Inhalt

Führung im Ausland - China zwischen Vertrauen und Guanxi

Kernthesen

Beitrag

Fallbeispiele

Weiterführende Literatur

Impressum

ns und Guanxi

Führung im Ausland - China zwischen Vertrauen und Guanxi

Robert Reuter

Kernthesen

- In der heute global aufgestellten Wirtschaft sind Führungskräfte Wanderer zwischen den Kulturen.
- Besonders viel Sensibilität fordert der Umgang mit chinesischen Partnern.
- Nicht alle Unternehmen entscheiden sich dafür, Mitarbeiter aus den westlichen Mutterhäusern nach China zu schicken. Stattdessen setzt man verstärkt auf einheimische Führungskräfte - die freilich vor Ort rekrutiert werden müssen.

Beitrag

Chinesische Manager wollen Guanxi und Vertrauen

Die Pflege von Geschäftsbeziehungen mit chinesischen Partnern stellt europäische Manager und Führungskräfte vor einige Herausforderungen. Neben den Besonderheiten des chinesischen Marktes ist es insbesondere der Umgang mit der einheimischen Bevölkerung, der dem europäischen Manager Wissen und Fingerspitzengefühl abverlangt. Bei den deutsch-chinesischen Wirtschaftsbeziehungen setzt man schon seit langem auf Guanxi. Hiermit ist in China die Bereitschaft gemeint, aktiv in eine langfristige Geschäftsbeziehung zu investieren. Viele deutsche Firmen kennen dieses Desiderat ihrer chinesischen Partner und stellen sich darauf ein.

Für den chinesischen Wirtschaftspartner stellt sich Guanxi im erkennbaren Bemühen des westlichen Gegenübers dar, eine persönliche Beziehung zueinander aufzubauen. Guanxi ist damit eine Herausforderung an das Kommunikationsvermögen der beteiligten Personen. Der westliche Manager muss zu erkennen geben, dass die von ihm vorgenommene Pflege des persönlichen Kontakts dem Ziel dient, langfristig zusammenzuarbeiten. Guanxi ist damit ein kommunikatives Miteinander, das dabei helfen soll, gegenseitige Fremdheit zu überwinden.

In den deutsch-chinesischen Geschäftsbeziehungen spielt Guanxi daher eine besonders wichtige Rolle. Die den Deutschen zugeschriebenen Eigenschaften - wie etwa Sachlichkeit, Nüchternheit, Rationalität - sorgen in China für Befremden und sollten für eine kulturübergreifende Partnerschaft daher reflektiert und abgemildert werden. Dies liegt insbesondere am Kollektivismus, der im Reich der Mitte nach wie vor das prägendste Element des gesellschaftlichen Miteinanders ist. Chinesen ist es wichtig, sich emotional zum anderen zugehörig fühlen zu können. Die distanzierte Kühle beispielsweise eines auf Seriosität bedachten Bankmanagers hingegen stößt chinesische Wirtschaftspartner ab.

Ein anderer entscheidender Begriff im Umgang mit chinesischen Partnern ist das Vertrauen. Trotz der Beachtung von Guanxi auch durch deutsche Manager ist doch zu beobachten, dass Verhandlungen trotz guter Voraussetzungen doch immer wieder scheitern. In der Literatur wird von Experten darum die Frage behandelt, ob nicht Vertrauen den eigentlich entscheidenden Faktor im Umgang mit Chinesen ausmacht. Allerdings darf bezweifelt werden, ob derartig hochfeine Unterscheidungen - in diesem Fall zwischen Nähe (Guanxi) und Vertrauen - in der Praxis zu irgend etwas Erquicklichem führen können. Immerhin sind deutsche Manager bei Gesprächen mit Chinesen häufig schon damit voll ausgelastet, der Sprache bzw. der Übersetzung zu folgen. (1)

Expatriates versus regionale Experten

Der nicht leichte Umgang mit chinesischen Wirtschaftspartnern hat dazu geführt, dass die Unternehmen nicht mehr automatisch auf so genannte Expatriates aus den europäischen Heimatländern zurückgreifen. Stattdessen wird immer öfter nach geeigneten einheimischen Kandidaten gesucht, die die Führung vor Ort übernehmen können. Gleichwohl bringt der europäische Gesandte prinzipiell einige Vorteile mit. Er kennt den Konzern, die strategischen Ziele, die Grundfesten der PR und die Kultur des Mutterhauses. Der lokale Manager aus China hat demgegenüber den Vorteil, die lokale Gesetzgebung und weitere Gegebenheiten vor Ort besser zu kennen. Hiervon profitiert auch die allgemeine Sehnsucht nach Guanxi. Da die Vertreter der ausländischen Unternehmen nun Chinesen sind, fällt der Aufbau persönlicher Beziehungen deutlich leichter.

Viele Unternehmen wählen einen Kompromiss und lassen ihre chinesischen Enklaven von Expatriates und Einheimischen gemeinsam führen. Hierbei spielt es auch eine Rolle, dass sich europäische Führungskräfte nicht eben darum reißen, für mehrere Jahre nach China zu ziehen. Für die Unternehmen bedeuten die Expatriates zudem häufig hohe Zusatzkosten, die durch Heimatbesuche und Ausgleichszahlungen entstehen. Unternehmen wie beispielsweise Bosch und Siemens Hausgeräte haben sich darum schon vor längerem dazu entschieden, keine Expatriates mehr fest nach China zu schicken. Die Entsendung beschränkt sich jetzt auf Kurzeinsätze, bei denen die deutschen Manager in erster Linie dafür eingesetzt werden, ihre chinesischen Kollegen so zu schulen, dass sie die Führung auch alleine übernehmen können. (2), (3)

Trends

Daimler führt Ausländerquote ein

Der Daimler-Konzern ist sich selbst zu deutsch. Das schwäbische Musterunternehmen hat darum eine Ausländerquote bei Führungskräften beschlossen.

Künftig sollen mindestens 50 Prozent der Führungskräfte aus dem Ausland kommen. Mit den Entscheidern aus der ganzen Welt will Daimler den weltweit belieferten Märkten auch durch seine Personalstruktur näher rücken. (8)

Unternehmen aus Schwellenländern - Expansion ohne Anpassung

Für einiges Erstaunen sorgen derzeit die internationalen Erfolge von Unternehmen aus Schwellenländern in den Industriestaaten. Firmen aus China, Brasilien, Russland oder Indien schließen zu den Besten ihrer Branche auf, wofür sie immer stärker an den Märkten der entwickelten Länder expandieren. Was dabei so erstaunt, ist die Chuzpe, mit der sich die Newcomer über alte Einsichten und Regeln hinwegsetzen. So gilt in den Industrieländern die Einsicht als vorherrschend, dass die Expansion auf ausländischen Märkten das lange Bohren dicker Bretter voraussetzt - das heißt, man muss geduldig sein. Unternehmen wie Arcor aus Argentinien (weltgrößter Süßwarenhersteller), DP World aus Dubai (weltweit viertgrößter Hafenbetreiber) oder die russische Gazprom hingegen kommen ohne längere Anpassungsphasen aus und fahren ihre Erfolge weit schneller ein als erwartet. (4)

Fallbeispiele

Chinas Bankensystem außer Kontrolle

Zu den Eigenheiten Chinas als Wirtschaftsstandort gehören nicht nur die kulturellen Unterschiede. Auch beim Umgang mit Behörden und Banken muss sich der Europäer auf Überraschungen gefasst machen. Viel dringt über die Banken im Reich der Mitte zwar nicht nach außen. Gleichwohl scheint es, dass der chinesische Bankensektor ziemlich außer Kontrolle geraten ist. Die Banken werden zwar stark von Peking aus reguliert, doch hat sich unter dem engen Korsett ein großer Schattenbanksektor ausgebildet. Nur dieser informelle Bankenmarkt hat die Beweglichkeit, die tatsächlichen Bedürfnisse von Unternehmen und Privatpersonen zu bedienen, lässt sich dies aber häufig mit Wucherzinsen bezahlen. Dabei sind die Schattenbanken so groß geworden, dass ihre Zerschlagung längst das ganze Wirtschaftssystem mit in den Abgrund reißen würde - wie die Kreditvergabepraxis zeigt. Knapp die Hälfte aller 2012 vergebenen Kredite wurde von Schattenbanken ausgeliehen. (5)

Westliche Statisten für mehr Image

Zu den deutschen Branchen, die besonders viele Mitarbeiter nach China schicken, gehört die Chemieindustrie. Immer mehr deutsche Experten arbeiten in China jedoch nicht mehr für ein deutsches, sondern auch für einheimische Unternehmen. Diese setzen gerne auf westliche Spezialisten, da diese Fachkenntnisse mitbringen und überdies alleine durch ihr westliches Aussehen dem Unternehmen einen Imagegewinn verschaffen. Von kleineren chinesischen Unternehmen ist bekannt, dass sie vor Besuchen von Investoren westliche Gesichter als Mitarbeiter-Statisten anheuern. (6)

Herausforderungen an die Personalführung

Ausländische Unternehmen am Standort China stehen in den nächsten Jahren vor dem Problem, in genügender Zahl für Personalnachwuchs zu sorgen. Die nach wie vor hohe Dynamik der chinesischen Wirtschaft lässt erwarten, dass sich der

Personalbestand in den nächsten vier bis sechs Jahren verdoppeln wird. Um insbesondere für chinesische Akademiker attraktiv zu sein, kommen die Firmen nicht darum herum, hohe finanzielle Anreize zu setzen. Die Zahlung hoher Gehälter ist zudem eine wichtige Voraussetzung dafür, um einmal für das Unternehmen gewonnene Mitarbeiter auch längerfristig zu binden - denn Loyalität zum Unternehmen ist in China nicht weit verbreitet. (7)

Weiterführende Literatur

(1) Vertrauen oder Guanxi?
aus ZFO - Zeitschrift Führung und Organisation 01/2013, S.009

(2) Chinesen gesucht
aus FINANCE - Der Markt für Unternehmen und Finanzen Heft Dezember vom 07.12.2012, Seite 44

(3) Lokale Kräfte mit Auslandserfahrung bevorzugt
aus Immobilien Zeitung Nr. 11 vom 21.03.2013 Seite 14

(4) Die jungen Wilden
aus Immobilien Zeitung Nr. 11 vom 21.03.2013 Seite 14

(5) Chinas Banken ausser Kontrolle chinesischen Bankensektor nehmen zu. Bislang waren sämtliche Regulierungsmassnahmen erfolglos.Elisabeth Tester,Schanghai

aus Finanz und Wirtschaft vom 27.03.2013, Seite 3

(6) Als Chemiker in China
aus - CHEManager vom 28.03.2013, Heft 6/2013, Seite 5

(7) Gesucht: Klasse und Masse
aus AUTOMOBIL-Produktion, Heft 12/2012, S. 30

(8) Daimler führt die Ausländerquote ein
aus DIE WELT, 04.03.2013, Nr. 53, S. 12

Impressum

Führung im Ausland - China zwischen Vertrauen und Guanxi

Bibliografische Information der deutschen Nationalbibliothek

Die Deutsche Nationalbibliothek verzeichnet diese Publikation in der deutschen Nationalbibliografie; detaillierte bibliografische Daten sind im Internet über http://dnb.d-nb.de abrufbar.

ISBN: 978-3-7379-0267-0

© 2015 GBI-Genios Deutsche Wirtschaftsdatenbank GmbH, Freischützstraße 96, 81927 München, www.genios.de

Alle Rechte vorbehalten. Dieses Werk ist einschließlich aller seiner Teile – z.B. Texte, Tabellen und Grafiken - urheberrechtlich geschützt. Jede Verwertung außerhalb der Grenzen des Urheberrechtsgesetzes bedarf der vorherigen Zustimmung des Verlags. Dies gilt insbesondere auch für auszugsweise Nachdrucke, fotomechanische Vervielfältigungen (Fotokopie/Mikroskopie), Übersetzungen, Auswertungen durch Datenbanken oder ähnliche Einrichtungen und die Einspeicherung und Verarbeitung in elektronischen Systemen.